AF599670

José Martí

Bases del Partido Revolucionario Cubano

Barcelona 2025
Linkgua-ediciones.com

Créditos

Título original: Bases del Partido Revolucionario Cubano.

e-mail: info@Linkgua-ediciones.com

Diseño de cubierta: Michel Mallard.

ISBN rústica ilustrada: 978-84-1076-088-2
ISBN ebook: 978-84-9953-789-4.

Sumario

Presentación

Esta edición de las *Bases del Partido Revolucionario Cubano* (PRC), fundado en 1892 por José Martí junto a los emigrados cubanos organizados en el exilio, busca restituir la densidad histórica, política y ética de uno de los documentos más singulares del pensamiento revolucionario latinoamericano. Nuestro propósito es también reconstruir —a partir de otras fuentes primarias, documentos paralelos y una lectura interpretativa— la lógica institucional y moral del proyecto martiano.

Frente a la dispersión de los materiales originales, y la frecuente simplificación o instrumentalización de sus contenidos, esta edición recupera el conjunto orgánico del programa del PRC, a través de cinco núcleos fundamentales:

1. El discurso de José Dolores Poyo con que se proclama su nacimiento en Cayo Hueso;
2. Las Bases públicas que fijan sus fines ético-políticos;
3. Los Estatutos secretos que regulan su funcionamiento;
4. La circular programática de Martí del 13 de mayo de 1892;
5. La modificación estatutaria de 1896 que convierte al Representante Oficial de la República en Jefe Delegado único del Partido.

Esta edición incorpora además algunas notas críticas que clarifican el sentido estratégico de sus artículos, su ruptura con el caudillismo independentista del siglo XIX y su intento de fundar una república ética, con instituciones democráticas y una economía nacional inclusiva. Como señala el

Artículo IV de las Bases, el PRC no pretendía perpetuar las formas coloniales con ropaje republicano, sino fundar «un pueblo nuevo y de sincera democracia».

La fecha fundacional elegida —10 de abril de 1892— no es casual: recuerda el aniversario de la Constitución de Guáimaro de 1869.[1] El Partido se presentaba como heredero de esa tradición, pero también como una superación: buscaba evitar la improvisación militarista, el autoritarismo personalista y el desgobierno económico. De ahí que su estructura estuviese orientada a la descentralización democrática, la transparencia contable y la articulación eficaz entre el exilio y el interior de la Isla.

José Martí no concibió el Partido como una maquinaria de poder personal, sino como un instrumento de pedagogía cívica y preparación nacional para una guerra que debía ser «breve, generosa y ordenada», capaz de dejar tras de sí una república funcional, inclusiva y moderna. El Partido Revolucionario Cubano fue, como escribió en la *Circular No. 2*, «una república en germen». Su programa —pese a las limitaciones impuestas por el contexto y la clandestinidad— constituye uno de los diseños político-organizativos más lúcidos del pensamiento republicano en América Latina.

En un tiempo como el actual, en que la historia suele usarse como justificación del poder más que como referencia crítica de sus principios, esta edición busca analizar el expediente original del PRC, no como un monumento histórico, sino como una reflexión. Martí y sus compañeros no escribieron para adornar la memoria, sino para organizar la libertad. Nuestra tarea editorial no es canonizar su escritura, sino devolverle toda su fuerza política, moral y democrática.

Los editores

1 Linkgua Ediciones, Barcelona, 2025.

Documentos fundacionales

I. Discurso de José Dolores Poyo

Cayo Hueso, 10 de abril de 1892

Compatriotas:

Llamado por una inmerecida atención de mis compañeros en el Consejo de Presidentes, a ocupar el primer turno en el uso de la palabra, por deber imprescindible, procuraré hacerlo con la concisión posible, para exponer el doble motivo que nos ha impulsado a convidaros a esta fiesta de la Patria.

Venimos aquí, señores, a conmemorar el suceso más culminante —por su aspecto político— de la gloriosa Epopeya de los Diez Años: la proclamación del Código Santo que entre el tronar de las batallas y numerosas charcas de sangre, vertida en holocausto de la Libertad, trazó el bosquejo de la República Cubana, allí mismo donde las furias del Despotismo segaban en flor las esperanzas de un pueblo naciente a la vida del Derecho y la Civilización. Sí, señores, que todo eso significó la Ley Fundamental votada en Guáimaro el 10 de abril de 1869 por los legisladores de la primera Cámara Cubana. Tal es, en resumen, uno de los aspectos que reviste este convite patriótico y que con la fuerza de la elocuencia y las flores del estilo harán resaltar en toda su imponente grandeza los oradores que han de sucederme en la tribuna.[2]

El otro aspecto, señores, si no reviste la forma imponente de la proclamación de la República, tiene tal analogía con ella, que bien pudiera asegurarse que si aquel suceso fue admirable por su espíritu eminentemente dignificador y por las circunstancias en que surgió, éste lo es por los momentos en

2 La fecha elegida para la fundación del PRC —el 10 de abril— conmemora la Constitución de Guáimaro (1869), estableciendo una continuidad simbólica con la Guerra de los Diez Años. (N. del E.)

que viene a la vida, sintetizando la ardiente aspiración de un pueblo aleccionado por la experiencia en larguísimo período de rudo batallar por establecer su personalidad política en el concierto de las naciones libres de la América Republicana. Refiérome al Partido Revolucionario Cubano, que esta noche memorable en los fastos de la historia patria proclaman unísonos con nosotros todos los centros de Inmigración Cubana.

No cediendo a los impulsos de un entusiasmo pasajero; no para oscurecer con actos que desdigan de la grandeza de los principios que sustentamos, nos presentamos hoy ante el mundo con la frente alta y la mano pronta a esgrimir el arma de combate; tremolando el estandarte flamígero de la Revolución por la Patria, e Independencia y la Libertad — que no cabe estrechez de miras donde sólo alienta el ansia del bien de todos.

Sí, señores, el Partido Revolucionario que hoy proclamamos, reúne todas las condiciones de un partido serio, alejado por completo de toda mira estrecha que pueda enajenarle simpatías, y marchará serenamente a la consecución del fin que persigue por la Revolución, no llevándola a Cuba por las armas, sino fomentándola allí por todos los medios de propaganda de que pueda valerse y acumulando en el exterior recursos de todo género para el momento en que estalle la guerra indispensable para la Independencia y Libertad de la Patria, objeto primordial de sus legítimas aspiraciones.

Sin violencias que puedan comprometer el éxito; sin odios indignos de la majestad augusta de los principios inscritos en su bandera, el Partido Revolucionario tiene puesto de honor en sus filas para todos los hombres de buena voluntad que rindan culto al Derecho y a la Libertad; porque así es de justicia y porque comprende que sólo así puede llegar al desarrollo de toda la grandeza que anhela para el bello ideal, a que encamina sus pasos: el establecimiento de la República de Cuba, basada en el orden y la confraternización de sus habitantes para los fines comunes de la vida en los órdenes político, moral e intelectual, que sintetizan la última expresión del Progreso en todos los pueblos modernos.

Con estas afirmaciones, el Partido Revolucionario Cubano proclama hoy su existencia, franca y lealmente, para dar digno remate a la obra santificada ya por innumerables sacrificios y torrentes de sangre de los mártires de su causa, y dar cumplida satisfacción al espíritu generoso de la Constitución Cubana, votada el 10 de abril de 1869 por los legisladores de Guáimaro.

Tales son los motivos que aquí nos congregan y que harán resaltar con toda la magnificencia de su bello colorido los oradores que ocupen esta noche la tribuna.

II. Bases del Partido Revolucionario Cubano

I. El Partido Revolucionario Cubano se constituye para lograr con los esfuerzos reunidos de todos los hombres de buena voluntad, la independencia absoluta de la Isla de Cuba y fomentar y auxiliar la de Puerto Rico.

II. El Partido Revolucionario Cubano no tiene por objeto precipitar inconsideradamente la guerra de Cuba, ni lanzar a toda costa al país a un movimiento mal dispuesto y discorde, sino ordenar, de acuerdo con cuantos elementos vivos y honrados se le unan, una guerra generosa y breve encaminada a asegurar en la paz y el trabajo la felicidad de los habitantes de la Isla.

III. El Partido Revolucionario Cubano reunirá los elementos hoy existentes y alegará, sin compromisos inmorales con pueblo u hombre alguno, cuantos elementos nuevos pueda, a fin de fundar en Cuba por una guerra de espíritu y método republicano, una Nación capaz de asegurar la dicha durable de sus hijos y de cumplir, en la vida histórica del continente, los deberes difíciles que su situación geográfica le señala.

IV. El Partido Revolucionario Cubano no se propone perpetuar en la República Cubana, con formas nuevas o con alteraciones más aparentes que esenciales, el espíritu autoritario y la composición burocrática de la colonia, sino fundar en el ejercicio franco y cordial de las capacidades legitimas del hombre, un pueblo nuevo y de sincera democracia, capaz de vencer por el orden del trabajo real y el equilibrio de las fuerzas sociales, los peligros de la libertad repentina en una sociedad compuesta para la esclavitud.[3]

3 El Artículo IV de las Bases anticipa una república basada en la «sincera democracia» y el equilibrio entre fuerzas sociales, buscando su-

V. El Partido Revolucionario Cubano no tiene por objeto llevar a Cuba una agrupación victoriosa que considere la Isla como su presa y dominio, sino preparar por cuantos medios eficaces le permita la libertad del extranjero, la guerra que se ha de hacer para el decoro y bien de todos los cubanos, y entregar a todo el país la patria libre.[4]

VI. El Partido Revolucionario Cubano se establece para fundar la patria una, cordial y sagaz, que desde sus trabajos de preparación, y en cada uno de ellos, vaya disponiéndose para salvarse de los peligros internos y externos que la amenacen, y sustituir el desorden económico en que agoniza con un sistema de Hacienda pública que abra a su país inmediatamente a la actividad diversa de sus habitantes.

VII. El Partido Revolucionario Cubano cuidará de no atraerse, con hecho o declaración alguna indiscreta durante su propaganda, la malevolencia o suspicacia de los pueblos con quienes la prudencia o el afecto aconseja o impone el mantenimiento de relaciones cordiales.

VIII. El Partido Revolucionario Cubano tiene por propósitos concretos los siguientes:

1.º Unir en un esfuerzo continuo y común la acción de todos los cubanos residentes en el extranjero.

2.º Fomentar relaciones sinceras entre los factores históricos y políticos de dentro y fuera de la Isla que puedan contribuir al triunfo rápido de la guerra y a la mayor fuerza de las instituciones que después de ella se funden, y deben ir en germen en ella.

perar el espíritu autoritario y burocrático de la colonia. (N. del E.)

4 El Artículo V de las Bases excluye todo interés faccioso o personalista en la revolución, al declarar que el objetivo es «entregar a todo el país la patria libre», y no llevar «a Cuba una agrupación victoriosa que considere la Isla como su presa y dominio». (N. del E.)

3.º Propagar en Cuba el conocimiento del espíritu y los métodos de la revolución y congregar a los habitantes de la Isla en un ánimo a su victoria, por medios que no pongan innecesariamente en riesgo las vidas cubanas.

4.º Allegar fondos de acción para la realización de su programa, a la vez que abrir recursos continuos y numerosos para la guerra.

5.º Establecer discretamente con los pueblos amigos, relaciones que tiendan a acelerar con la menor sangre y sacrificios posibles, el éxito de la guerra y la fundación de la nueva República indispensable al equilibrio americano.

IX. El Partido Revolucionario Cubano se regirá conforme a los Estatutos secretos que acuerden las organizaciones que lo funden.

III. Estatutos Secretos del Partido Revolucionario Cubano

Artículo 1.º El Partido Revolucionario Cubano se compone de todas las asociaciones organizadas de cubanos independientes que acepten su programa y cumplan con los deberes impuestos en él.

Artículo 2.º El Partido Revolucionario Cubano funcionará por medio de las asociaciones independientes, que son la base de su autoridad; de un Cuerpo de Consejo constituido en cada localidad por los Presidentes de todas las asociaciones de ella y de un Delegado y Tesorero electos anualmente por las asociaciones.

Artículo 3.º Los deberes de las asociaciones son:

1.º Adelantar, por toda especie de trabajos, los fines generales del programa del Partido Revolucionario Cubano, y realizar las tareas especiales que la ocasión, o los recursos y situación de cada localidad hiciesen necesarios, y de los cuales serán instituidos por sus presidentes, miembros del Consejo.

2.º Allegar, y tener bajo su custodia, los fondos de guerra.

3.º Contribuir con la cuota fija que las necesidades crecientes impongan, y por los medios extraordinarios que sea posible, a los fondos de acción.

4.º Unir y disponer para la acción, dentro del pensamiento general por la atracción y la cordialidad, cuantos elementos de toda especie le sean allegables.

5.º Impedir que se desvíen de la obra común los elementos revolucionarios.

6.º Recoger y poner en conocimiento del Delegado por medio del Cuerpo de Consejo todos los datos que le puedan ser útiles para la organización revolucionaria, dentro y fuera de la Isla.

Artículo 4.º Los deberes del Cuerpo de Consejo son:

1.º Fungir de intermediario continuo entre las asociaciones y el Delegado.

2.º Examinar y autorizar las elecciones de cada localidad.

3.º Aconsejar al Delegado los recursos y métodos que las asociaciones sugieran, o sugieran los presidentes reunidos en el Cuerpo de Consejo.

4.º Aconsejar y promover cuanto conduzca a la obra de las asociaciones de la localidad.

5.º Dar noticia quincenal al Delegado de los trabajos de las asociaciones, indicaciones del Cuerpo de Consejo, y exigir del Delegado cuantas explicaciones se requieran para el mejor conocimiento del espíritu y métodos con que el Delegado cumpla con su encargo.

Artículo 5.º Los deberes del Delegado son:

1.º Procurar por cuantos medios quepan, la realización, sin atenuación ni demora, de los fines del programa.

2.º Extender la organización revolucionaria en el exterior y muy principalmente en el interior, y procurar el aumento de los fondos de guerra y de acción.

3.º Comunicar a los Cuerpos de Consejo cuantas noticias y encargos se requieran a su juicio para la eficacia de su cooperación en la obra general.

4.º Disponer económicamente de los fondos de acción que se alleguen, y de que el tesorero es depositario responsable.

5.º Hacer visar por el Tesorero todos los gastos del fondo de acción, y en caso de guerra todos los pagos que se hubieren de hacer por los servicios que por su naturaleza general recayesen en sus manos.

6.º Arbitrar todos los recursos posibles de propaganda y publicación y de defensa de las ideas revolucionarias y mantener los elementos que alleguen la disposición más favorable a la guerra inmediata que fuere posible.

7.º Rendir cuenta, con un mes por lo menos de anticipación a las nuevas elecciones, de los fondos de acción que hubiese recibido y de su empleo y —caso de guerra— de los fondos que le hubiese cumplido emplear.

Artículo 6.º Los deberes del Tesorero son:

1.º Visar todos los pagos que el Delegado autorice.

2.º Llevar las cuentas ele los fondos recibidos y de su distribución.

3.º Responder de los fondos que por el Delegado se le entreguen en depósito.

4.º Rendir, en unión del Delegado, cuenta anual de la inversión y estado de los fondos.

Artículo 7.º Cada Cuerpo de Consejo eligirá un Presidente y un Secretario que recibirán y distribuirán, entre los Presidentes de las asociaciones, las comunicaciones del Delegado y autorizarán las comunicaciones que los Presidentes de las asociaciones deseen dirigir al Delegado.

Artículo 8.º Caso de vacante de un Presidente de organización entrará a llenarla el que resulte electo presidente.

Artículo 9.º Caso de muerte o desaparición del Delegado, el Tesorero lo pondrá en comunicación inmediata de los Cuerpos de Consejo, para proceder sin demora a nueva elección.

Artículo 10.º Caso de que un Consejo creyera por mayoría de votos inconveniente la permanencia del Delegado en su cargo, tendrá derecho de dirigirse a los demás Cuerpos de Consejo exponiéndoles su opinión fundamentada, y el Delegado se considerará depuesto, si así lo declaran los votos de todos los Cuerpos de Consejo.[5]

Artículo 11.º Caso de creer un Consejo por mayoría de votos conveniente alguna supresión o adición al plan y Estatutos, pedirá al Delegado que proponga la reforma a los demás Cuerpos, y el Delegado, una vez acordada, estará sujeto a ella.

Artículo 12.º No podrá votar en las elecciones anuales de Delegado y Tesorero sino la Asociación que cumpla con los deberes de las Bases y los Estatutos, y cuente, por lo menos, veinte socios conocidos y activos.

Artículo 13.º Cada asociación tendrá un voto por cada grupo de 20 a 100 miembros.

5 Los Estatutos establecen un sistema democrático con rendición de cuentas, descentralización organizativa (a través de los Cuerpos de Consejo) y límites explícitos al poder del Delegado (Artículo 10.º), que puede ser depuesto si así lo declaran los votos de todos los Cuerpos de Consejo. (N. del E.)

IV. A los Presidentes de los Clubs del Partido Revolucionario Cubano en el Cuerpo de Consejo de Key West

Delegación del Partido Revolucionario Cubano
«Asuntos Generales»
N.º 2

Nueva York, 13 de mayo de 1892

Señores Presidentes de los Clubs del Partido Revolucionario Cubano, en el Cuerpo de Consejo de Key West, Florida.

Compatriotas:

En mis manos ya el reconocimiento definitivo de la elección de Delegado del Partido Revolucionario Cubano con que mis compatriotas ponen a prueba mi anhelo de servirlos, y explicadas ya, en la Nota N.º 1 de Asuntos Generales, las ideas y métodos con que entro en el desempeño de mis funciones, cúmpleme dar cuenta a ustedes de los trabajos concretos que se propone realizar inmediatamente esta Delegación.

El período de mutuo examen que había de preceder a la constitución del Partido, y cuyas deducciones y enseñanzas habían de irse tomando en cuenta, para hacer o dejar de hacer, conforme se iba constituyendo, ha demostrado, muy por encima de los más ardientes deseos, que las emigraciones están en sazón para toda empresa de resultado y de vigor, y que reina entre ellas la confianza íntima y generosa que permite aspirar, sin demoras ni trabas ni recelos a la realización, mejora continua y robustecimiento de nuestra obra. La misma laxitud de detalles que la cordura aconsejó en los primeros momentos, para que el deseo de la unificación de los trabajos, nunca excesiva por mucho que se la extreme, no pareciera anhelo temible de concentración, hoy, por la nobleza general se viene de suyo corriendo, y las asociaciones mismas procuran —de sí propias, como debía ser— aquella semejanza racional de métodos y organización interna de que se hubiesen podido lastimar si las propuestas procedieran del consejo exterior, en vez de venir, como ahora vienen, de su propio seno. Y es hecho admirable, y del más feliz augurio, que los trabajos principales y urgentes que la Delegación ha venido componiendo, en espera de su autoridad definitiva, y de la hora propia, sean los mismos cuya necesidad siente, y cuya adopción recomienda, el espíritu vigilante del Partido. Esta aprobación anticipada de sus labores asegura y fortalece el ánimo de la Delegación, cuyo júbilo y orgullo estarán siempre menos en originar planes y medidas que en verlos surgir de la opinión cordial con la unanimidad que prueba su conveniencia y eficacia.

Organización exterior

La preocupación desmedida de la Organización Exterior del Partido pudiera robar tiempo y fuerza a los fines concretos de él, que son, principalmente, —crear la Organización revolucionaria en la Isla, con la mayor suma de elementos útiles posibles,— poner en acuerdo activo y sincero por el ejercicio continuo de la prudencia y la humildad, todos los elementos revolucionarios de fuera de la Isla, a fin de obrar juntos en unión con ella,— y levantar en los países extranjeros el respeto y afecto a la Revolución, y cuantas fuentes de ayuda, privadas y oficiales sea dable abrir. Pero para estos mismos fines es urgente completar y apretar hasta el perfecto ajuste en los detalles menores de la Organización Exterior del Partido, puesto que por ella han de juzgar de su fuerza la Isla cuya opinión solicitamos, y los pueblos a que hemos de pedir ayuda.

En estos momentos cumple con esa parte de su deber La Delegación; —envía las Bases y Estatutos del Partido a las Asociaciones nuevas que no las conozcan aún; —procura la creación inmediata del Cuerpo de Consejo en las localidades que los pueden ya constituir; —estrecha relaciones con los Clubs de las localidades aisladas y estimula, donde quiera que haya cubanos libres, el establecimiento de nuevos Clubs.

Una de las bases del buen gobierno, y de las garantías de satisfacción entre los que contribuyen a él, es la de la independencia interior de sus organizaciones, ajustables, así a lo particular y local, en todo aquello en que ni en espíritu ni en métodos choque con los fines precisos para que las organizaciones están constituidas. Pero del mismo modo es necesario que esta independencia no llegue a perturbar o debilitar con reglas contradictorias sus fines y medios de acción. La prescripción de un Reglamento único para las Asociaciones todas del Partido, aunque no inconveniente ni imposible entonces, como hoy, hubiera parecido sin duda a los preparadores del Partido más conducente a retardar su organización que a acelerarla; y hoy mismo no cree la Delegación que deba partir de ella la propuesta de la unidad de Reglamentos, a menos que ésta no fuera la voluntad expresa de los Cuerpos de Consejo por donde las Asociaciones hablan. La distribución proporcional de los fondos presenta, por ejemplo, un caso recomendable a la atención. Cree el Delegado de primera necesidad el fijar una proporción igual para los gastos de guerra y los de acción, en el reparto de los fondos de los Clubs y así lo ha de proponer sin demora; pero conoce, por la experiencia, la variedad de condición, en cuanto a recursos y gastos, de las diversas emigraciones y teme que la suma para unos emigrados llevadera sea quien pueda con más eficacia determinar la suma con que los Clubs que en él se reúnen hayan de contribuir. En esto, como en todo, convendría el mayor acercamiento entre las Asociaciones; y la unidad de su reglamentación respondería al juicio del Delegado, si con ella no se pusiese en peligro, sin más diferencia que la interna e inofensiva de detalles administrativos, la individualidad deseable en cada Asociación. El Delegado solicita opinión inmediata sobre la conveniencia de someter un Reglamento único a la aprobación de los Clubs, en vez de incluir en reglamentos varios los artículos esenciales en que inevitablemente han de estar unidos, —y sobre la suma que a su juicio puedan pagar mensualmente a los Clubs los emigrados de la localidad. Es el anhelo de la Delegación justificado por el éxito de las labores preparatorias del Partido, que todo en él nazca del acuerdo satisfecho y libre de sus asociados.

Organización en Cuba

A Cuba, inmediatamente, ha de llevar el Partido su acción; —ha de explicar en documento público y solemne, sus orígenes, su fuerza y sus tendencias; —ha de procurar el conocimiento de todos los que estén dispuestos a la obra revolucionaria y la conversión de todos los que se le opongan; —ha de congregar en el espíritu amplio y previsor del Partido, a los elementos dispersos y hostiles entre sí; —ha de levantar un núcleo de revolución dondequiera que haya fuerzas para él, y de fortalecer en el espíritu común los núcleos que ya haya; —ha de solicitar, sin encogimiento y sin soberbia, sin fatiga y sin ira, el concurso de todos los que sirvieron a la independencia en la lucha pasada, y pueden volverla a servir; —ha de llegarse, hombre por hombre, sin medir más que su utilidad al país, a todos los elementos servibles, en los campos y en las ciudades.

A todo ha de preceder la expresión ante el país de los móviles y tendencias del Partido; y para este fin el Delegado prepara un Manifiesto, de vasta y continua circulación, que englobe y explique los preceptos de las Bases, y no deje duda sobre el desinterés y grandeza de nuestros propósitos y nuestra capacidad para realizarlos. Y al pie de este documento sin esperar más que a los primeros efectos de su distribución, es el anhelo y propósito del Delegado, conciliando la economía del gasto con la viveza en la acción, repartir de tal modo su agencia, por comisiones especiales, que por todas partes se sienta a la vez en la Isla la actividad determinada y cordial del Partido, que entren a servirlo la mayor suma de elementos locales allegables, y que se conozcan en la emigración las fuerzas verdaderas y precisas de los cubanos que quieren ayudarla en sus esfuerzos. La tarea es difícil y vasta, pero es la esencial: y ninguna obligación de orden menor, por seductora que la inmediación pudiera hacerla, distraerá al Delegado de este deber, que tiene por el primero y más delicado de su puesto.

Comunicaciones

La eficacia de estos trabajos en la Isla depende, en parte principal, de la periodicidad y seguridad de las comunicaciones numerosas y repetidas que con ella se han de establecer. Las emigraciones más cercanas a la Isla están llamadas por su situación a prestar, con más garantía y economía que las más distantes, estos servicios de comunicación. Las especiales serán debidamente, y a su hora oportuna, encomendadas. Al sistema de comunicación general y continua consagrará la Delegación particular cuidado. El llamamiento frecuente acaba por despertar la atención más reacia, y es el propósito de la Delegación que ningún acto de vigor y nobleza del Partido —y todo él ha de ser nobleza y vigor— quede ignorado de los habitantes de la Isla.

Relaciones particulares

Si urge tender por la Isla la reacción revolucionaria, revelamos a los desdeñosos, allegarnos a los desconfiados, sacudir a los dormidos, urge más poner en buen acuerdo a cuantos elementos de fuerza verdadera pueden dentro y fuera del país, contribuir a su emancipación. Es verdadera deshonra para un servidor del país anteponer sus simpatías o recelos a las conveniencias públicas. Sólo los tratos interesados y de acomodo personal, con los elementos dañados de un pueblo, serían más culpables que el descuido en tratar con todos sus elementos útiles. No habrá gloria mayor para el Delegado del Partido Revolucionario Cubano que procurar, y conseguir, con todo el respeto y acatamiento oportunos, la adhesión activa de todos los partidarios útiles de la independencia cubana. Verdadera premura tiene el Delegado en servir esta parte de su obligación, y ya convida, con toda la fuerza y ruego que pueda poner en él el patriotismo, a los revolucionarios que han sangrado por el país, sin reparar en ideas de detalle o contrariedades de antecedente, inferiores por completo a la necesidad primordial de constituir la patria libre.

Guerra

Esta íntima relación con todos los elementos revolucionarios activos es tanto más obligatoria cuanto que el desasosiego del país, próximo en todo instante a revelarse por las armas, y un precepto expreso de los Estatutos del Partido, mandan tener las fuerzas revolucionarias en la disposición más favorable a la guerra que fuese posible. Una de las razones de más poder y gloria del Partido es que no viene, como los partidos revolucionarios usuales, a forzar al país a la acción violenta; sino que acatando al pueblo que va a conmover, reserva sus fuerzas para el momento en que él, por el desorden del estallido prematuro, o por la acción concertada, las necesite: —y faltaría el Partido a uno de sus deberes, y menguaría una de sus glorias, si no se pusiese en condición de prestar a una voz el socorro que la patria, alocada por la desesperación o precipitada por el enemigo astuto, pudiera requerir de él.

El Partido Revolucionario Cubano no nace para forzar la guerra, ni para rehuirla. Fondos y hombres y pericia ha de tener dispuestos, y a punto de embarque. Puede ser que la práctica de enviar a la Isla expediciones de hombres, en su mayoría inexpertos, no sea tan beneficiosa como la de enviarle recursos con que armar a los hombres sobrantes en la Isla; pero sería vano e injusto sofocar el entusiasmo real de la juventud de la emigración, que con la intensidad del patriotismo en el destierro ha creado una fuerza atendible en la lucha próxima: ni fuera juicioso apartar de los emigrados el ejemplo brillante y saludable de las asociaciones de carácter militar. La misma ancianidad se rejuvenece y anima en las prácticas de esta milicia patriótica; y parece cuerdo aconsejar la extensión de estas organizaciones militares, que en la obra diaria y visible corresponderán, con su aparato útil y su entusiasmo verdadero, a la tarea que en otros círculos adelantará con tesón el Delegado, en cumplimiento del deber de allegar, y tener cerca y en orden, las fuerzas de guerra que son factor principal de una organización que tiene la guerra como medio inevitable para el logro de sus fines.

Relaciones exteriores

Del poder y regularidad que muestre, en un plazo suficiente para acreditarse, el Partido Revolucionario, depende en mucho la ayuda que él pueda pedir y obtener de los pueblos cuyo auxilio no se supo otra vez aprovechar, y cuyos gobiernos no han de dar su apoyo en público ni a la ligera. Grande y constante es el socorro que el Delegado espera abrir en los pueblos americanos; pero antes de tentarlo, hemos de demostrar que lo merecemos. La connivencia delicada en asuntos que, a más de humanos, son internacionales, es cosa distinta, y de más escollos, que la simpatía pública. Y el Delegado aspira, en ciertos pueblos, a obtener una y otra. No interrumpirá ciertamente, en espera soñadora de una perfección tardía, el trabajo de íntimo acercamiento que la previsión ha venido acumulando desde nuestra innecesaria tregua; y aún ha de decir que pone a este deber cuidado diario y preferente. Pero no intentará éxito concreto hasta que la obra alta, unida y constante del Partido Revolucionario Cubano haga vergonzoso para un pueblo de América negarle su ayuda.

Pero estas razones, aplicables en especial a los países de nuestra habla, no lo son tanto al pueblo en que la mayoría de los emigrados vivimos, y cuya simpatía, extraviada acaso tanto por culpa nuestra como suya, cabe despertar con una obra organizada y fuerte que le inspire curiosidad y respeto. La independencia de Cuba, y la de Puerto Rico a que se propone Cuba ayudar, sólo estará garantizada definitivamente cuando el pueblo norteamericano conozca y respete los méritos y capacidades de las Islas. Y en esta labor presente de levantar la revolución, se correría gran riesgo si no se lograse mover a afecto y consideración al pueblo y gobierno de los Estados Unidos. La exhibición de nuestros móviles y carácter ante el país norteamericano es, pues, un deber político de extrema importancia, un deber de conservación nacional. Y el Delegado se propone comenzar a atenderlo por medio de un Manifiesto en lengua inglesa que a la vez explique el carácter real de nuestro país y la razón inevitable de nuestras luchas, a cuya publicación, distribuida por todos los centros de influjo en el Norte, seguirán otras especiales que la mantengan presente, y una labor continua en la prensa inglesa de dignificación y propaganda.

La sinceridad de nuestros propósitos hace innecesario, señores presidentes, la ornamentación verbal con que en las épocas de poca realidad suele disimularse la falta de energía. Ni la acción se hace mayor por las protestas reiteradas de ella. Frase hay entre las anteriores que es, ella sola, mina de labor, y requiere para su cumplimiento toda una vida humana. Pero ni es la vida lo que niegan a Cuba sus hijos generosos, ni han de faltar fuerza y fe a quien lleva hoy consigo, por la merced de sus compatriotas el espíritu de un pueblo. Quiere hoy sólo decir el Delegado cuáles son los trabajos precisos a que se dedica, y pedir a ese Cuerpo de Consejo, mientras los adelanta en todas sus formas, y prepara las comunicaciones especiales, los juicios y pareceres que han de ayudarlo e inspirarlo, en una de las tareas más puras y gloriosas a que se hayan consagrado hasta hoy los hombres.

Saludo a ustedes, Señores Presidentes, con mi más afectuosa consideración.

El Delegado
José Martí

V. Delegación[6]

En virtud de propuesta hecha a los Cuerpos de Consejo de este Partido a iniciativa del de Key West, quedan modificados los Estatutos Secretos en la siguiente forma:

> El Partido Revolucionario reconoce desde esta fecha como Jefe Delegado único del mismo al Representante Oficial de la República de Cuba en los Estados Unidos, responsable de sus actos ante el gobierno que lo ha nombrado.

En su consecuencia, queda suprimida la elección de Delegado por el Partido, pero no la de Tesorero, la cual seguirá haciéndose como hasta ahora.

Tomás Estrada Palma.
New York, 1.º de abril de 1896.

6 1.º de abril de 1896. (N. del E.)

Libros a la carta

A la carta es un servicio especializado para
- empresas,
- librerías,
- bibliotecas,
- editoriales
- y centros de enseñanza;

y permite confeccionar libros que, por su formato y concepción, sirven a los propósitos más específicos de estas instituciones.

Las empresas nos encargan ediciones personalizadas para marketing editorial o para regalos institucionales. Y los interesados solicitan, a título personal, ediciones antiguas, o no disponibles en el mercado; y las acompañan con notas y comentarios críticos.

Las ediciones tienen como apoyo un libro de estilo con todo tipo de referencias sobre los criterios de tratamiento tipográfico aplicados a nuestros libros que puede ser consultado en Linkgua-ediciones.com.

Linkgua edita por encargo diferentes versiones de una misma obra con distintos tratamientos ortotipográficos (actualizaciones de carácter divulgativo de un clásico, o versiones estrictamente fieles a la edición original de referencia).

Este servicio de ediciones a la carta le permitirá, si usted se dedica a la enseñanza, tener una forma de hacer pública su interpretación de un texto y, sobre una versión digitalizada «base», usted podrá introducir interpretaciones del texto fuente. Es un tópico que los profesores denuncien en clase los desmanes de una edición, o vayan comentando errores de interpretación de un texto y esta es una solución útil a esa necesidad del mundo académico.

Asimismo publicamos de manera sistemática, en un mismo catálogo, tesis doctorales y actas de congresos académicos, que son distribuidas a través de nuestra Web.

El servicio de «Libros a la carta» funciona de dos formas.

1. Tenemos un fondo de libros digitalizados que usted puede personalizar en tiradas de al menos cinco ejemplares. Estas personalizaciones pueden ser de todo tipo: añadir notas de clase para uso de un grupo de estudiantes, introducir logos corporativos para uso con fines de marketing empresarial, etc. etc.

2. Buscamos libros descatalogados de otras editoriales y los reeditamos en tiradas cortas a petición de un cliente.

Printed in Poland
by Amazon Fulfillment
Poland Sp. z o.o., Wrocław

69735790R00023